יוֹנָה סִידֶרֶר

מִכָּאן וּמֵאֲרָצוֹת אֲחֵרוֹת

שִׁירִים וְרִשּׁוּמִים 1999-2012

ヨナ　シデレー

Yona Siderer

祖　国　と　他　国　か　ら

ヘブライ語と日本語の詩と絵 1999年-2012年

To order additional copies of this book, contact
Toll Free 800 101 2657 (Singapore)
Toll Free 1 800 81 7340 (Malaysia)
orders.singapore@partridgepublishing.com

www.partridgepublishing.com/singapore

目次	ページ . עמוד	השירים

花の鉢、京都 2009 年   עציץ, קיוטו 2009

'צִטּוּטִים לְאַנְשֵׁי עֲסָקִים'

בְּאוֹקְטוֹבֶּר, בַּאֲרוּחַת בֹּקֶר בְּמָלוֹן בְּהָאג
שָׁמַעְתִּי מִשֻּׁלְחָן לֹא רָחוֹק הֲבָרוֹת עִבְרִיּוֹת,
שֶׁדּוֹבְרֵיהֶן נִרְאוּ כְּמוֹ שְׁנֵי אַנְשֵׁי הַי-טֶק הַמְשַׁחֲרִים לָעֵסֶק.
נִגַּשְׁתִּי, אוֹהַד שָׁאַל אִם אֲנִי צְרִיכָה עֶזְרָה,
הֵשַׁבְתִּי בְּחִיּוּב וְהוּא נַעֲנָה מִיָּד.
בִּנְוֵה צֶדֶק אַחֲרֵי שְׁבוּעַיִם, אוֹהַד עֲדַיִן בְּחוּ"ל
הִשְׁאַרְתִּי עֲבוּרוֹ מַעֲטָפָה וּגְלוּיַת תּוֹדָה.
בְּפֶבְּרוּאָר, בַּמִּשְׁכָּן לְאָמָּנוּיוֹת הַבָּמָה,
אוֹהַד וְלַהֲקָתוֹ רוֹקְדִים 'צִטּוּטִים לְאַנְשֵׁי עֲסָקִים'
פְּרִי יְצִירָתוֹ, וְקוֹל הַקָּרְיָן בָּרֶקַע מִתְקַשֵּׁר
לְהַרְצָאוֹת רֹאשׁ אֲגַף מוֹדִיעִין וְהָרַמַטְכָּ"ל
בַּכֶּנֶס הַשְּׁנָתִי לְזֵכֶר אַהֲרָלֶה יָרִיב, שֶׁל
מָכוֹן יָפֶה לְלִימוּדִים אַסְטְרָטֶגִיִּים.
גַּם שָׁם לֹא נִתְחוּ אֶת הֲגַנַּת הָעֹרֶף
אֶלָּא אֶת אִי-הַוַּדָּאוּת הַשּׂוֹרֶרֶת
בִּמְחוֹזוֹתֵינוּ לִפְנֵי הַבְּחִירוֹת, לִפְנֵי מַסָּע
אַחֵר, פְּטִירָתוֹ שֶׁל הַמֶּלֶךְ.
אִי-הַוַּדָּאוּת עוֹשָׂה אוֹתָנוּ צַיְּתָנִים,
מְגִיבִים קַלּוֹת, וְרַק מִדֵּי פַּעַם
מִתְגַּנְּבוֹת הַדְּמָעוֹת אֶל פִּנַּת הָעַיִן
וְהָרַקְדָנִים קָדִים קִידָה.

פברואר 1999

כָּל יוֹם אַתָּה קְצָת עוֹזֵב

כָּל יוֹם אַתָּה קְצָת עוֹזֵב
כָּל יוֹם אַתָּה הַרְבֵּה נִשְׁאָר.
הֵדֵי גַּעְגּוּעַי חוֹזְרִים מִסֶּבִילְיָה
מִמִּגְדַּל הַפַּעֲמוֹן,
נִבְלָעִים בְּוַרְשָׁה
בְּעִיר יְשָׁנָה-חֲדָשָׁה.
אֲנִי חוֹזֶרֶת וּמוֹצֵאת עַצְמִי נֶהֱנֵית
מֵעֲבוֹדַת הַמֶּחְקָר הַמַּדָּעִי
וּמַגִּיעָה לְצַיֵּר רַק בְּעֵינַי.
הֵדֵי הַשִּׁירִים
בִּכְתַב יָדָהּ הֶעָגוֹל שֶׁל מִיקָה,
בַּשּׁוּרוֹת תַּחַת סֵמֶל הַמְּנוֹרָה שֶׁל רְאוּמָה.
"הַמַּלָּחִים" בְּסִירוֹת כָּחֹל וְאָדֹם שֶׁל בֶּזֶם
הֶעֱלוּ בְּזִכְרוֹנִי אֶת תְּמוּנַת סִירוֹת "הַדַּיָּג"
שֶׁל הוּנְדֶרְתְוָאסֶר,
בִּמְקוֹם 'תִּירוֹשׁ', 'מָצָא',
לְפָלוּשׁ לַחֶדֶר שֶׁיַּהֲפוֹךְ לְסְטוּדְיוֹ,
עַד לַדַּיָּרִים הַבָּאִים
עַד.

יוני 1999

כָּאן שׁוֹכֵן בְּרַיָאן

כָּאן שׁוֹכֵן בְּרַיָאן

שֶׁאָהַב אֶת הַמִּדְבָּר

וְהַמִּדְבָּר לָקַח אוֹתוֹ אֵלָיו.

כָּאן שׁוֹכֵן בְּרַיָאן

שֶׁנּוֹלַד בְּאֶרֶץ מִישׁוֹרֵי שֶׁלֶג,

וְנִמְשַׁךְ אֶל חוֹם הַמִּדְבָּר

וְאֶל נוֹפָיו – מִישׁוֹרֵי חוֹל וְאֶבֶן

וְהָרִים קְדוּמִים.

בְּרַיָאן שֶׁגִּדֵּל שׁוּרוֹת עֲבוּתוֹת שֶׁל עֵשֶׂב פִּיל

כִּמְקוֹר כּוֹחַ,

שֶׁשָּׁתַל מַטַּע עֲצֵי תָּמָר תְּמִירִים

וְקָטַף תַּמְרֵי מָג'וּל נוֹטְפִים דְּבַשׁ,

שֶׁלָּמַד אֶת אוֹרְחוֹת הָרוּחַ בַּמִּדְבָּר

כְּדֵי לִרְתּוֹם אוֹתָהּ לְשֵׁרוּתוֹ,

שֶׁנִּסָּה לֶאֱסוֹף אֶת אוֹר הַשֶּׁמֶשׁ

לְרַכְּזוֹ בְּגֶדֶר אוֹר

כִּמְקוֹר חַשְׁמַל,

שֶׁלִּמֵּד אֲחֵרִים אֶת כָּל אֵלֶּה.

בְּרַיָּאן שֶׁאָהַב אֶת אַיְלִין

שֶׁנִּשְּׂאָה לוֹ בְּאֶרֶץ מִישׁוֹרֵי הַשֶּׁלֶג,

וְאָהַב אֶת בְּנוֹתָיו –

פָּז, שָׁנִי, סָתָיו

וְנָתַן לָהֶן מִכָּל טוּבוֹ.

כָּאן בְּסָמָר,

בְּחֵיק הָאָרֶץ בָּהּ בָּחַר,

בָּהּ יָצַר וְכָתַב מוּזִיקָה נִפְלָאָה,

לְיַד בֵּיתָם שֶׁל שׁוּתָפָיו לַדֶּרֶךְ,

בְּלֵב חֲבֵרָיו,

שׁוֹכֵן בְּרַיָּאן לָעַד.

יולי 2002

כְּשֶׁבָּאתִי לְאִמָּא בְּבֵית הַחוֹלִים

כְּשֶׁבָּאתִי לְאִמָּא בְּבֵית הַחוֹלִים
וְנִיסִיתִי לְסַפֵּר לָהּ עַל סִיפּוּר קָצָר שֶׁכָּתַבְתִּי
וְהִתְפַּרְסֵם בָּעִיתוֹן 'אַפִּרְיוֹן',

הִיא כְּבָר לֹא שָׁעֲתָה לְכָךְ,
כְּבָר לֹא יָכְלָה לְהִתְעַנְיֵין,
נֶאֶבְקָה עַל נְשִׁימוֹתֶיהָ
בְּיָמֶיהָ הָאַחֲרוֹנִים
עַד שֶׁחָדְלָה.

עַכְשָׁו מוּכָן לִדְפוּס
'סִיפּוּר מִשְׁפַּחְתִּי' שֶׁכָּתַבְתִּי
וַעֲטִיפָתוֹ עִם תְּמוּנָה שֶׁל אַלְבּוֹם אָבִי,
תַּחְרִיט עֵץ וְשִׁבֳּלִים,
וְתַקְצִיר בְּגַב הַכְּרִיכָה וּתְמוּנָתִי.
כִּמְעַט 'סוּכּוֹת',
חוֹל הַמּוֹעֵד סוּכּוֹת, כ' בְּתִשְׁרֵי
הוּא סִינוּנִים לַ'חַוָּה הַסִּינִית'
יוֹתֵר מִיּוֹם הַכִּיפּוּרִים,
לְאַחַי שֶׁנֶּעֶלְמוּ בַּחוֹלוֹת
לְיַד תְּעָלַת סוּאֶץ

וְעָלוּ בְּמֶרְכֶּבֶת אֵשׁ הַשָּׁמַיְמָה.

אָבִי נִקְבַּר מִימִינָם

אִימִי נִקְבְּרָה מִשְּׂמָאלָם.

יוֹם פְּטִירָתוֹ כ"ה אֱלוּל

יוֹם פְּטִירָתָהּ י"א חֶשְׁוָן

חוֹבְקִים אֶת יוֹם מוֹת בְּנֵיהֶם

כְּמוֹ אֶת קִבְרֵיהֶם

וְסִפְרִי יְסַפֵּר אֶת כָּל אֵלֶּה וְעוֹד,

לְעִילוּי נִשְׁמָתָם

וּלְזִכְרָם.

ספטמבר 2004

ポートアズロ風景、イタリア 2004 年

נוף, פורטו אזורו, איטליה 2004

הַמַּיִם הַצְּלוּלִים וְהַשָּׁמַיִם הָעַרְפִילִיִּים שֶׁל וֶנֶצְיָה

הַמַּיִם הַצְּלוּלִים

הַגֶּשֶׁר וּבָבוּאָתוֹ,

שׁוּרַת הַסִּירוֹת, נָחוֹת.

הַמְּנוֹרוֹת הַמְּאִירוֹת בִּבְהִירוּת

תְּלוּיוֹת עַל קְשָׁתוֹת אֲדֻמּוֹת וּשְׁחוֹרוֹת

מֵעַל הַשֻּׁלְחָנוֹת

הַמְכוּסִים בְּמַפּוֹת שֻׁלְחָן לְבָנוֹת.

הַבָּתִּים הַלְּבָנִים,

הַבָּתִּים הָאֲדֻמִּים,

הָעֵץ בַּמֶּרְחָק

וּבָבוּאָתוֹ בַּמַּיִם.

אָדָם מִתְבּוֹנֵן בַּמְּנוֹרוֹת

הַמְּאִירוֹת בִּבְהִירוּת בַּיּוֹם.

הָעֲרָפֶל.

ינואר 2002

עֶרֶב לְיַד הָאֲגַם

עֶרֶב לְיַד הָאֲגַם

בְּחֶבְרָה עַלִּיזָה.

יוּטָה, וִים, קַיינֶר, תוֹמָס, יוֹנָה.

בַּרְבּוּר לָבָן מִתְהַלֵּךְ עַל הַדֶּשֶׁא

וְאַלְפֵי יַתּוּשִׁים.

מַה לֹּא שָׁתִינוּ?

סְפּוּמַנְטֶה כְּאַפֶּרִיטִיב בַּבַּר בְּאִיסְפְּרָה

יַיִן לָבָן דֶּה לָה קָאזָה,

עִם סָלָט וְדַג אוֹרָאטָה,

מַשְׁקֶה סוֹרְבֶּטוֹ עִם מֶלוֹן וְרוּם,

וְאַחֲרָיו עוֹד קַלָבָסוֹ.

וְאָז כְּשֶׁחָזַרְנוּ לְאִיסְפְּרָה,

בַּבַּר לְקִינּוּחַ – קוֹנְיָאק רֶמִי מַרְטֵן

עִם וִים הַהוֹלַנְדִּי מִימִינִי וּבֶּבּס הַהוֹלַנְדִּי מִשְּׂמֹאלִי

וּקְנָס שֶׁל אֵירוֹ לְמִי שֶׁמְּדַבֵּר עַל עֲבוֹדָה.

שְׁנֵי כּוֹכְבֵי לֶכֶת זוֹהֲרִים

נוֹטִים מֵעַל לֶהָרִים,

מֵעַל הָאֲגַם.

יוני 2002

בַּחֲזָרָה מֵאָרוֹנָה אֶמֶשׁ, טִפְטֵף גֶּשֶׁם.

לְיַד הַנָּהָר בְּסֶסְטוֹ קָאלֶנְדֶה, חִפַּשְׂתִּי לִרְאוֹת אֶת הַבַּרְבּוּרִים הַלְּבָנִים. רָאִיתִי אֶחָד:

בַּרְבּוּר לָבָן

בַּרְבּוּר לָבָן אֶחָד,

כָּמוֹנִי,

שָׁט בַּמַּיִם.

יוני 2002

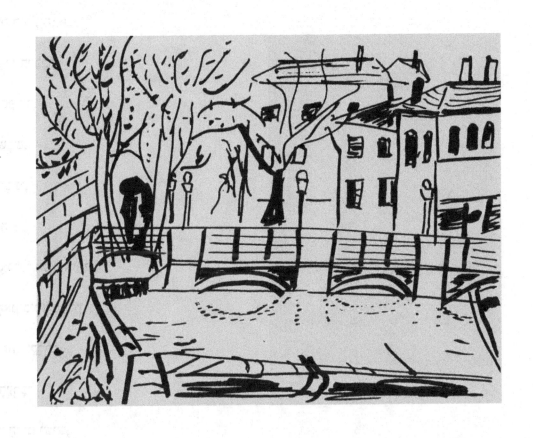

橋と像、テレビス、　イタリア　2002年　　　　טְרֶבִיסוֹ, איטליה יוני 2002

טִיּוּל אָבִיב בְּאִיטַלְיָה

כִּתְמֵי פְּרָגִים אֲדֻמִּים

בִּשְׂדוֹת בּוֹלוֹנְיָה,

לְצַד פַּסֵּי הָרַכֶּבֶת

מִלָּה-סְפֶּצְיָה.

יָם בַּשֶּׁמֶשׁ,

פּוֹרְטוֹפִינוֹ,

גֵּינוּאָה

מִיכֶלְאַנְגֶ'לוֹ מְלַוֶּה אוֹתִי

וְגַם הָאֲנַרְכִיסְט מִמָּלוֹן

בְּשֵׁם זֶה, בְּקָרָרָה.

הוֹי הָעֲרָפֶל,

מְכַסֶּה הָרִים וָשַׁיִשׁ,

דֶּרֶךְ הָרִים מוֹרִיקָה.

מִבְצָר וְעוֹד מִבְצָר,

נָהָר, וְעַד פְּנִינַת הַיָּם

לֶרִיצִ'י

וְעַד קֵן שׁוֹדְדֵי הַיָּם

בְּפּוֹרְטוֹוֶאנֶרוֹ -

אָבִיב בְּאִיטַלְיָה.

מאי 2002

אִשָּׁה סֶנֶגָלִית בְּלָ'אקְוִילָה

אִשָּׁה סֶנֶגָלִית
מַה הִיא חוֹשֶׁבֶת?
סֶנֶגָלִי בִּמְעִיל אָדֹם
מָה אוֹמְרוֹת עֵינָיו?
הַאִם רָאָה שֶׁלֶג,
לִטֵּף אֶת אֲהוּבָתוֹ
הֵבִיא אֹכֶל לִילָדָיו
דָּאַג לְהוֹרָיו?
הַאִם בִּשְּׁלָה דַּיְסָה,
שָׁתְלָה יְרָקוֹת, עִשְּׂבֵי מַאֲכָל
תָּפְרָה שִׂמְלָה, תִּקְּנָה נַעַל
וְנִקְּתָה בָּתֵּי זָרִים?

מָה אֲסַפֵּר לָהּ עַל אִיטַלְיָה
וְאִיטַלְקִים שֶׁפָּגַשְׁתִּי הַשָּׁבוּעַ
בְּלָ'אקְוִילָה, בֶּהָרִים,
בַּפָּארְק לְמַדָּע וְטֶכְנוֹלוֹגְיָה,
בַּכְּבִישׁ בַּדֶּרֶךְ הַיְּפֵהפִיָּה,
הַיּוֹרֵד אֶל פֶּסְקָרָה

עַל שְׂפַת הַיָּם הָאַדְרִיָּאטִי.

אוֹ בָּרַכֶּבֶת הַהוֹלֶכֶת דָּרוֹמָה,

לְאוֹרֶךְ חוֹף הַיָּם, סוּכּוֹת הַדַּיָּגִים

בּוֹאָכָה פּוּלְיָה, פּוּגְ'יָה.

הָעִיר הָעַתִּיקָה, שְׂרִידֵי הַפְּצָצוֹת

בַּמִּלְחָמָה הָעוֹלָמִית הַשְּׁנִיָּה.

מִסְעָדָה וּמָזוֹן מְקוֹמִי,

עִם גָ'אנְקָרְלוֹ וְהַשֶּׁף הַמְּיָעֵץ.

פָּקוּלְטָה לַחַקְלָאוּת יְשָׁנָה-חֲדָשָׁה

חָצֵר עִם עֲצֵי אוֹרֶן גְּבוֹהִים

וַעֲצֵי זַיִת צְעִירִים.

הַרְצָאָה שֶׁנָּתַתִּי לִסְטוּדֶנְטִים וּמַרְצִים,

הַרְצָאָה שֶׁשָּׁמַעְתִּי

בְּכִיתָּה הוֹמָה סְטוּדֶנְטִים צְעִירִים

וְרִשּׁוּם עֲצֵי בְּרוֹשׁ וְזַיִת,

גָּדֵר לְבֵנִים אֲדֻמּוֹת

שֶׁרָשַׁמְתִּי בְּעֵת הַשִּׁעוּר.

חֲזָרָה עִם עֶרֶב לְלָ'אקְוִוילָה,

מִרְיָם יְדִידָתִי

עוֹצֶרֶת בְּרִכְבָּהּ אֶת הַתְּנוּעָה,

מְאָרַחַת בְּנֹעַם.

אֲרוּחוֹת שֶׁאָכַלְנוּ בְּפָּסְטִיצֶרְיָה,

לְבָבוֹת פַּסְטָה מְמוּלָאִים בִּגְבִינָה

לְיַד אֲתַר תִּשְׁעִים וְתִשְׁעַת הַבְּרָזִים-פָּנִים

וְאַמַּת הַמַּיִם, שְׁבִיל הֶחָלָב עַל צַלַּחַת כְּחֻלָּה,

מְרַק עֲדָשִׁים, קְצִיצוֹת בָּשָׂר טְעִימוֹת.

מִסְעֶדֶת דָּגִים מִחוּץ לָעִיר, גְּלִידָה וְשׁוֹקוֹלָד חַם.

הַאִם אֲסַפֵּר עַל סִיּוּר אִינְטֶנְסִיבִי בְּקוֹר הֶהָרִים,

לְאֹרֶךְ הָרְחוֹב הָרָאשִׁי וַחֲנֻיּוֹתָיו,

בַּשּׁוּק, מוּל הַדּוּאוֹמוֹ בְּשַׁבָּת,

אוֹ בְּשׁוּק הָעַתִּיקוֹת בְּיוֹם רִאשׁוֹן?

שְׁעוֹן זָהָב שֶׁמָּדַדְתִּי

וְהֶחֱזַרְתִּי לַזֶּה שֶׁל אָבִי בְּתִיקִי.

בַּרְבָּרָה – הַנְדָסָה וְתִכְנוּן

מִתְקָן לְטִפּוּל בְּחָלָב וְתוֹצָרָיו;

וַלֶרִיאָנָה – חִישָׁה מֵרָחוֹק, סְפֶּקְטְרָה

שֶׁל אוֹרְכֵי גַל שׁוֹנִים.

מַצַּב הַנָּהָר פָּסְקָרָה, יְסוֹדוֹתָיו וּגְדוֹתָיו.

נָשִׁים אִיטַלְקִיּוֹת מְלוּמָדוֹת, מַרְשִׁימוֹת,

סִפְרָהּ שֶׁל רִיטָה מוֹנְטֶצִ'ינוּ-לֵוִי,

אַיֵּה הִיא אוֹתָהּ אִשָּׁה סֶגֶלִית?

ינואר 13 2003 לפני המראה חזרה מאיטליה לישראל

ベラジョカーニバル、イタリア 2002 年

קרנבל בְּבֶּלָג'יו, איטליה רישום בעט חום 2002

さちこさん、埼玉１９８４年   סצ'יקו, סאיטמה יפן 1984

סְתָו בְּמָצוּיָמָה

קוֹל הַצִּיקָדָה

בְּקִרְבַת בֵּיתוֹ שֶׁל סוֹסֶאקִי

סְתָו בְּמָצוּיָמָה.

ספטמבר 2007

נָאטְסוּמֶה סוֹסֶאקִי – סופר יפני ידוע מתחילת המאה העשרים.

ספרו "כַּר הַדֶּשֶׁא" תורגם לעברית על ידי מחברת ספר זה.

להלן אופן הקריאה של אותו שיר המופיע ביפנית בעמוד ממול:

מָצוּיָמָה אָקִי

סֶמִי נוֹ קוֹאֶ

סוֹסֶאקִי נוֹ אִיֶיה נוֹ צִ'יקָקוּ נִיְיטֶה

מָצוּיָמָה אָקִי.

9.2007

松山 秋

蝉の声
（せみ　こえ）

漱石 の 家の 近くにいて
（そうせき）

松山　　秋。

　　　　　　２００７年９月

עֹנֶג בַּבְּרֵכָה

עֹנֶג בַּבְּרֵכָה

בַּקּוֹמָה הַחֲמִישִׁית שֶׁל

YMCA בְּקְיוֹטוֹ

שָׂחִיתִי בַּבְּרֵכָה.

בְּעוֹדִי שׂוֹחָה,

קֶרֶן שֶׁמֶשׁ חָדְרָה מֵהַחַלּוֹן

הֵאִירָה אֶת פְּנֵי הַמַּיִם

וְאֶת פָּנַי.

הִתְעַנַּגְתִּי.

קיוטו 6.2009

פּוּרוֹ דֶה אוּרֶשִׁיסָה

קְיוֹטוֹ YMCA נוֹ גוֹקָאינוּ

פּוּרוֹ דֶה אוֹיוֹגִימַשִׁיטָה.

אוֹיוֹגִינָגַרָה

מָאדוֹ קָרָה טָאִיוֹ נוֹ הִיזָשִׁי גָה

מִיזוּ טוֹ וּאָטָשִׁי נוֹ קָאוֹ אוֹ

טֶרָשִׁימַשְׁטָה.

אוּרֶשִׁיקַטָה.

קיוטו 6.2009

プールでうれしさ

京都 YMCA の５階の

プールで泳ぎました。

およぎながら

窓から太陽のひざしが

水と私の顔を

照らしました。

うれしかった。

京都　２００９年6月

הַמַּעְיָנוֹת הַחַמִּים בְּ"פֶּרַח מַיִם עֵץ"

מַעְיַן מַיִם חַמִּים,

מֵי הַנָּהָר נָאשִׁירוֹ,

גֶּשֶׁם אָבִיב.

קָגוֹשִׁימָה 2.2010

"הָנָה מִיזוּ קִי" טוֹ יוּ אוֹנְסֶנְבָּה

אוֹנְסֶן נוֹ אוֹיוּ,

נָאשִׁירוֹ קָאוָּה נוֹ מִיזוּ,

הָרוּסַמֶה.

קגושימה 2.2010

「花水木」 と言う 温泉場

温泉 の お湯、

なしろ川の水

春雨。

鹿児島 2010 年 2 月

הַשִּׁיר שֶׁל אִיטוֹ

הַבַּיִת שֶׁל אִמָּא, דָּגִים בַּבְּרֵכָה,

בָּאָרוֹן הַתְּפִילָה הַבֵּיתִי תְּמוּנוֹת הָאָב, רֵיחַ קְטוֹרֶת.

שִׂיחִים פּוֹרְחִים עַל חוֹף הָאוֹקְיָנוּס הַשָּׁקֵט,

צוּקִים כֵּהִים,

סְנָאִי קָטָן מְטַפֵּס אֶל רֹאשׁ הָעֵץ,

גַּעְגּוּעִים.

צִיַּרְתִּי צִיּוּר נוֹף,

לְמַרְגְּלוֹת הַגֶּשֶׁר הַתָּלוּי גַּלִּים אֵינָם נִשְׁבָּרִים.

יוֹפִי רַב.

בָּעֶרֶב יָרַד גֶּשֶׁם.

מַעְיָנוֹת חַמִּים, בַּמַּבּוּעַ צוֹמֵחַ לַגֹּבַה,

פַּעֲמוֹן נְחוֹשֶׁת גָּדוֹל.

בְּחֶבְרַת יְדִידַי צוּרוּקִי,

נָעַם לִי.

12.2008

伊東の歌

母の家、鯉の池

仏壇に父の写真がある

花が咲く海岸

大海、黒岩、

りすが木の上に登る、

なつかしかった。

絵を書いた

橋の下に波がない。

自然美。

夜で雨が降った

温泉や高い竹や釣りがね、

二人の友達の鶴木と

すばらしかった。

2008 年 12 月

אִיטוֹ נוֹ אוּטָה

הָהָ נוֹ יֵיֵה, קוֹי נוֹ אִיקֶה

בּוּצוּדָן נִי צִ'יצִ'י נוֹ שָׁשִׁין גָה אָרוּ

הַנָה גָה סָקוּ קָאִיגָן,

טָאִיקַאִי, קוּרוּיִוָּה.

רִיסוּ גָה קִי נוֹ אוּהֶ נִי נוֹבּוּרוּ,

נַצְקָשִׁיקַטָה.

אֶה אוֹ קָיִטָה

הָאשִׁי נוֹ שִׁטָה נִי נָמִי גָה נָאִי.

שִׁיזֶנְבִּי.

יוֹרוּ דֶה אָמֶה גָה פֻּטָה

אוֹנְסֶן יָה טָקָאִי טָקֶה יָה צוּרִיגָנֶה -

פְּטָרִי נוֹ טוֹמוֹדָצִ'י נוֹ צוּרוּקִי טוֹ

סוּבַּרָשִׁיקַטָה.

12.2008

桜の木、台湾2010年 たいわん

פריחת הדובדבן, טַיוַאן 2010

לְיַד גֶּשֶׁר שִׁיגְ'וֹ

שְׁלִישִׁי בְּאוֹקְטוֹבֶּר, כָּל הַשַּׁבָּת,

לְיַד גֶּשֶׁר שִׁיגְ'וֹ

חֲבוּרַת מְתַרְגְּמִים שֶׁל תַּרְבּוּת יַפָּן.

אוֹכְלִים וּמְשׂוֹחֲחִים בְּמִסְעֶדֶת "הַשֵּׁד הָאָדֹם".

יַפָּנִים וְאוֹסְטְרָלִי,

אֲמֶרִיקָאִי וְיִשְׂרְאֵלִית,

שִׂיחוֹת וּמוּזִיקַת גָ'אז שְׁקֵטָה

מִתְמַזְּגִים.

חֲוָיָה חֲדָשָׁה בְּקִיוֹטוֹ.

קיוטו, אוקטובר 2009

שִׁיגְ'וֹ אוֹהָשִׁי נוֹ צִ'יקָקוּ דֶה

גִ'יוּגֶצוּמִיקָה נוֹ דוֹיוֹבִּי נִי

שִׁיגְ'וֹ אוֹהָשִׁי נוֹ צִ'יקָקוּ דֶה

נִיהוֹן בּוּנְקָה נוֹ קנקיוּשָׁטָצִ'י גָה

"אָקָאוֹנִי" דֶה טָבֶּטָה הֱנָשִׁיטֶאִימֵס.

נִיהוֹנְגִ'ין יָה אוֹסוּטוֹרַרִייָגִ'ין,

אֲמֶרִיקָאגִ'ין יָה אִיסוּרָאֶרוּגִ'ין

הַנָשִׁיטֶה שִׁיזוּקָנָה גָ'אזוּ גָה קוֹנְזָישִׁיטֶאִימֵס.

קִיוֹטוֹ נִי אָטָרָשִׁיִי אֶקְסְפֶּרִיאֶנְסוּ דֶס.

קיוטו, אוקטובר 2009

四条大橋 の 近くで
しじょうおおはし

十月三日　の　土曜日に

四条大橋の近くで

日本文化の　研究者達　が
けんきゅうしゃたち

「あか鬼」で 食べて　話しています。
おに

日本人　や　オーストラリア人、

アメリカ人　や　イスラエル人

話して　静かな　ジャズが
しず

混在しています。
こんざい

京都に

新しい　エクスペリエンス　です。

京都, 2009 年 10 月

הַאִם יָצָא כּוֹכָב?

עֲנָנִים מְכַסִּים

אֶת שְׁמֵי קְיוֹטוֹ,

לֹא יָכוֹלְתִּי לִרְאוֹת

הַאִם יָצָא כּוֹכָב?

יוֹם כִּיפּוּר – הַאִם הִסְתַּיֵּם?

פַּעַם נוֹסֶפֶת

הִסְתַּכַּלְתִּי לַשָּׁמַיִם

מִבַּעַד לַעֲנָנִים

חָדַר אוֹר יָרֵחַ.

מוּטָב.

קיוטו 28.9.2009

הוֹשִׁי גָה דָטָה נוֹקָה?

קְיוֹטוֹ דֶה אָקִי נוֹ סוֹרָה נִי

קוּמוֹ גָה אָצוּמַטָה קָרָה

הוֹשִׁי גָה דֶטָה קָה דוֹ קָה?

מִיינָקַטָה.

יוּדָיָג'ין נוֹ יוֹמוּקִיפּוּרוּ הִי גָה

אוּוַטָה קָה דוֹ קָה?

מָטָה מִירֶבָּה סוֹרָה נִי

קוּמוֹ קָרָה צֻקִי נוֹ הִיקָרִי גָה

דֶטָה נוֹדֶה - יוֹקַטָה.

קיוטו 28.9.2009

星が出たのか?
ほし で

京都で秋の空に

雲が集まったから
くも

星が出たかどうか?

見えなかった。

ユダヤ人のヨムキップル日が

終わったかどうか?
お

また見れば空に

雲から月の光が

出たので　－

よかった。

京都，　２００９年９月２８日

אָרַשִׁיָמָה

אָרַשִׁיָמָה, בֵּית הַמְשׁוֹרֵר.

בֵּיתִי גַם הוּא

שׁוֹכֵן בִּרְחוֹב אֲפַרְסְמוֹן.

מרץ 2010

בארשימה, בדרום-מערב קיוטו, נמצא בית אפרסמון, אליו נהגו משוררים להגיע, כולל המשורר הנודע בָּאשוֹ. בַּמָקוֹם תלויים ניירות קצרים ועפרונות, ומי שמגיע מוזמן לכתוב שיר. שיר זה נכתב שם.

אָרַשִׁיָמָה

אָרַשִׁיָמָה נוֹ שִׁיסוֹו נוֹ אוּצִ'י.

וָאטָשִׁי נוֹ אִיסוּרָאֶרוּ נוֹ אוּצִ'י מוֹ

קָקִי נוֹ מִיצִ'י נוֹ טוֹרִי נִי אָרוּ.

מרץ 2010

嵐山
あらしやま

嵐山 の　詩宗 の　家。
しそう

私　の イスラエル　の　家も

柿 の道　の通り　に　ある。
かき

2010年3月

עלי עץ אפרסמון , חתום שידהרי (סידרר)

柿の葉、埼玉 1984 年, 詩手麗（シデレー）書

לִימוּדֵי יַפָּן בֵּין-תְחוּמִיִּים בְּנִיצִ'יבּוּנְקֶן, קְיוֹטוֹ

הֲלַוַאי וְיָכוֹלְתִּי לִבְלוֹעַ אֶת הַסְּפָרִים בַּסִּפְרִיָּה,

וּלְעַכֵּל לְאַט כָּל מַה שֶּׁבָּלַעְתִּי.

אֲבָל אֲנִי חוֹשֶׁשֶׁת שֶׁזֶּה יִהְיֶה קָשֶׁה, כָּל אוֹתָם כְּרָכִים עָבִים,

אֲחָדִים מֵהֶם בִּכְרִיכַת עוֹר.

אָז אֲנִי קוֹרֵאת.

הִיסְטוֹרְיָה יַפָּנִית, עַתִּיקָה וְעַכְשָׁוִית,

בִּיוֹגְרָפִיּוֹת יַפָּנִיּוֹת, כֹּה מְעַנְיְינוֹת, כֹּה מְגַלּוֹת,

לְעִתִּים יוֹתֵר מֵאֲשֶׁר סִפְרֵי הַהִיסְטוֹרְיָה.

סִפְרוּת יַפָּנִית.

סְפָרֶיהָ שֶׁל סָוָאקוֹ אָרִיוֹשִׁי, "אֵשֶׁת הָרוֹפֵא", "הַנָּהָר קִי",

מוֹרָסָקִי שִׁיקִיבּוּ, שִׁירֵי אַהֲבָה מֵאַגֶּדֶת גֶּנְגִ'י,

רַבִּים אֲחֵרִים.

מַדָּע בְּיַפָּן, כִימִיָּה, פִיזִיקָה,

וְטֶכְנוֹלוֹגְיָה יַפָּנִית.

רַכָּבוֹת: שִׁינְקָנְסֶן, מַגְלֶב.

גִידוּל אוֹרֶז,

הַפָּקָה שֶׁל אוֹגָאוּהָ הַמְּצַלֵּם בְּמֶשֶׁךְ שְׁמוֹנֶה שָׁנִים

אֶת מַחֲזוֹר הָאוֹרֶז,

חַי עִם הָאִיכָּרִים בִּכְפָרִים קָרִים בֶּהָרִים.

תִּכְנוּן וּבְנִיָּה שֶׁל שְׂדֵה הַתְּעוּפָה אוֹסָקָה-קַנְסַאי.

הַגְּשָׁרִים הָאֲרוּכִּים הַנֶּאְדָּרִים.

לָמַדְתִּי קוּרְס בַּמָּכוֹן הַטֶּכְנוֹלוֹגִי שֶׁל טוֹקְיוֹ לוֹ קָרָאתִי:

הַהִיסְטוֹרְיָה שֶׁל הַכִימְיָה בְּיַפָּן: מִצְּבִיעַת כֻּתְנָה

עַד זוֹכֵי פְּרַס נוֹבֶּל בְּכִימְיָה.

אֲנִי לוֹמֶדֶת עַל כָּךְ עוֹד מִדֵּי יוֹם.

הַשָּׁבוּעַ אָנוּ חוֹגְגִים אֶת הַזְּכִיָּה שֶׁל יִשְׂרְאֵלִית בִּפְרַס נוֹבֶּל בְּכִימְיָה,

עָדָה יוֹנָת, אִשָּׁה.

מִצְטָרֶפֶת לַשּׁוּרָה הַיּוּקְרָתִית, יַחַד עִם מָארִי וְאִירֵן קִירִי,

דוֹרוֹתִי הוֹדְג'קִין, פוּקוּי, שִׁירָקָאוּהָ, נוֹיוֹרִי, טַנָקָה,

שִׁימוֹמוּרָה, צְ'חָנוֹבֶר וְהֶרְשְׁקוֹ.

אֲנִי קוֹרֵאת עוֹד.

אֲנִי קוֹרֵאת עִיתּוֹן יוֹמִי –

פּוֹלִיטִיקָה, כַּלְכָּלָה, נוֹשְׂאִים בְּאַסְיָה, אֵרוּעִים בָּעוֹלָם.

מוּסָפֵי סוֹף-שָׁבוּעַ.

אָמָנוּת יַפָּנִית. חֲדִירַת אָמָנוּת הַמַּעֲרָב לְיַפָּן.

סְטוּדֶנְטִים יַפָּנִים בְּפָּרִיז, בְּסוֹף הַמֵּאָה הַתְּשַׁע עֶשְׂרֵה.

קֶרָמִיקָה. גוֹטְפְרִיד וַגְנֶר בְּתַעֲרוּכַת "קְיוֹטוֹ מוֹדֶרְנִיזְם"

וּבַמָּכוֹן הַטֶּכְנוֹלוֹגִי שֶׁל טוֹקְיוֹ, בִּבְסִיס "בִּנְיָן מֵאָה הַשָּׁנָה".

הַמִּכְרוֹת, תְּנָאֵי הָעֲבוֹדָה הַגְּרוּעִים, הַהִתְקוֹמְמוּת.

מִלְחָמוֹת.

מִלְחָמוֹת מְנֻצָּחִים. רָעָב.

מַתֶּמָטִיקָאִי יַפָּנִי שֶׁאָבַד בְּסִיבִּיר וּמַנְצ'וּרְיָה, אֲנִי קוֹרֵאת.

מִלְחָמוֹת תְּכוּפוֹת. קוֹלוֹנְיָאלִיזְם יַפָּנִי שְׁאַפְתָּנִי בְּאַסְיָה.

נִצָּחוֹן עַל רוּסְיָה. כְּנִיעָה לְאָמֶרִיקָה.

אֶרֶץ מְקוּדֶּשֶׁת זוֹ,

הַמִּיתוֹסִים הָעַתִּיקִים שֶׁלָּהּ, וַחֲדָשִׁים עַתָּה הוּמְצְאוּ.

בִּלְשׁוֹנִי,

דָּם, אָדָם, אֲדָמָה,

נוֹצְרוּ מֵאוֹתוֹ שֹׁרֶשׁ.

שְׁנוֹת שַׁלְוָה. מִשְׁפָּחוֹת, יְלָדִים.

אֲנִי מְתַרְגֶּמֶת שִׁירִים שֶׁנִּכְתְּבוּ עַל יְדֵי יְלָדִים יַפָּנִים בִּשְׁנוֹת הַשִּׁבְעִים

לִשְׂפָתִי, עִבְרִית.

הַיְּלָדִים כֹּה תְּמִימִים, מִתְבּוֹנְנִים, חֲכָמִים, מְפַחֲדִים, טְהוֹרִים.

אֲנִי נֶאֱבֶקֶת לְהַעֲבִיר אֶת מַשְׁמָעוּתָם וְרִגְשׁוֹתֵיהֶם.

דָּתוֹת בְּיַפָּן, אֲנִי קוֹרֵאת. אֲנִי מְבַקֶּרֶת בְּמִקְדְּשֵׁי בּוּדְהָה וְשִׁינְטוֹ.

אֵין הֵם דּוֹחִים אוֹתִי כְּמוֹ כְּנֵסִיּוֹת. אֲנִי מַכָּה בַּפַּעֲמוֹן עִם הַחֶבֶל הַמִּשְׁתַּלְשֵׁל.

נַצְרוּת בְּיַפָּן. כִּתּוֹת חֲדָשׁוֹת. אֲנִי מְבַקֶּרֶת בְּבֵית שָׁלוֹם,

נוֹצְרִים יַפָּנִים נֶאֱמָנֵי יִשְׂרָאֵל.

אוֹתִיּוֹת הַקָּנְגִ'י – צֵרוּפֵי הַקַּוִּים הַמְּשַׁכְּרִים –

אוֹצְרוֹת אָפְנֵי קְרִיאָה שׁוֹנִים וּמִסְפָּר מוּבָנִים;

מְשִׁיכוֹת הַמִּכְחוֹל, קָלִיגְרַפְיָה,

יוֹצְרוֹת מִינְיָאטוּרוֹת יְפֵהפִיּוֹת עוֹצְרוֹת נְשִׁימָה –

הַאִם נִיתָּן לִשְׁלוֹט בָּהֶם?

אֲנִי מְנַסָּה.

דִּקְדּוּק יַפָּנִי, כְּתַב הִירָגָנָה חָבִיב, כְּתַב קָטָקָנָה לֹא-יְדִידוּתִי.

מִי הִמְצִיא אֶת כָּל אֵלֶּה, לָמָּה?

רִיקוּד יַפָּנִי. אָמָנוּיוֹת הַבָּמָה. קִיוֹגֶן, נוֹ.

מוּזִיקָה יַפָּנִית, קוֹטוֹ, בִּיוָה.

הַתּוֹף הַגָּדוֹל מַכֶּה:

מַה יַּפָּן?

מָתַי יַפָּן?

אֵיךְ יַפָּן?

מִי וָמִי בְּיַפָּן,

יַפָּן לְאָן?

הַשְּׁאֵלוֹת רַבּוֹת מֵהַתְּשׁוּבוֹת.

הַגַּנִּים – שִׁירָה צְרוּפָה,

מְלָאכָה שְׁלוּבָה שֶׁל טֶבַע וְאָדָם.

טַנְסוּ – שִׁידוֹת מְהוּדָרוֹת,

מַחְבְּרֵי עֵץ וְקִישׁוּטֵי מַתֶּכֶת.

בַּהֲלִיכָה בִּרְחוֹבוֹת קְיוֹטוֹ הַצָּרִים וְהָרְחָבִים,

אֲנִי מְנַסָּה לִתְפּוֹס בְּמִכְחוֹל וְצֶבַע,

אֶת יְפִי הֶהָרִים, אַךְ הֵם חוֹמְקִים מִמֶּנִּי.

אֲנִי עוֹבֶרֶת לְמִלִּים.

שִׁירַי – בְּעִבְרִית, אַנְגְּלִית, יַפָּנִית,

כְּמוּסוֹת שֶׁל רְגָשׁוֹת וּמַחְשָׁבוֹת

זוֹקְקוּ וּמוּגָשׁוֹת לְקוֹרֵא עֲתִידִי.

מוֹרַי, סֶנְסֵי,

יְדִידַי הַיַּפָּנִים מִזֶּה שָׁנִים רַבּוֹת,

יְדִידוּת חֲזָקָה, נִמְשֶׁכֶת,

יְקָרִים לִי כּוּלָּם.

הַאִם יַפָּן הִיא כְּמוֹ קָלֵידוֹסְקוֹפּ שֶׁחֲלָקָיו נוֹפְלִים בִּמְקוֹמָם,

בְּכָל פַּעַם שֶׁתָּנִיעַ אוֹתוֹ

אַתָּה רוֹאֶה תְּמוּנָה אַחֶרֶת, אַךְ כּוּלָּן נְכוֹנוֹת?

הַאִם הִיא מֶרְחָב רַב מֵימָדִים, חִידַת פְּסִיפַס עֲנָקִית,

שֶׁרַק מִסְפָּר קָטָן שֶׁל מַרְכִּיבֶיהָ בְּיָדִי

בְּעוֹדִי מְנַסָּה לִיצוֹר אֶת הַתְּמוּנָה הַמְּלֵאָה?

הַחִיפּוּשׂ כֹּה מְמַלֵּא –

בִּמְקוֹם לִבְלוֹעַ,

אֲנִי מַעֲדִיפָה לִלְעוֹס לְאַט, לִסְפּוֹג.

אֲנִי מַמְשִׁיכָה.

קיוטו, 11-12 אוקטובר 2009

שיר זה נכתב באנגלית ונדפס לראשונה באנגלית ויפנית בחוברת "ניצ'יבונקן" מס. 44, מרץ 2010, קיוטו

נזיר, קוריאה, 2005 お坊さま、韓国 2005年

日文研での学際的日本研究

図書館の本を丸ごと呑み込むことが出来て、鵜呑みにしたものが何であれ、

徐々に全部を消化出来たらと、私は願う。

しかし残念なことにそれは難しそう、あの分厚い本の全て、その幾つかは革表装。

そこで、私は読む。

日本史の古今。

日本人の伝記、面白くて往々にして

歴史書よりもはるかに具体的。

日本の小説。

有吉佐和子の『華岡青洲の妻』や『紀ノ川』、

紫式部の『源氏物語』の恋の歌、

などなど多数。

日本の科学、化学や物理。

そして日本の科学技術。

鉄道では新幹線、リニアモーターカー。

稲作では、寒い山村で農民と生活を共にしながらの

小川プロダクションによる8年間に及ぶ稲作の一巡の撮影記録。

大阪関西空港の設計と建設。

壮大な長橋の数々

私は東京工業大学で一連の授業をした、こんな演題を付けて

「日本の化学の歴史：　木綿の染色からノーベル化学賞受賞者まで」。

私は日々学びを深めていく。

今週、私たちは、イスラエルのノーベル化学賞受賞者を祝う、女性であるアダ・ヨナト。彼女は、高名なマリーとアイリーン・クリー、ドルシー・ホドジュキン、野依、白川、田中、チェカノヴァーやヘルシェコらの列にその名を連ねることになる。

私は読み続ける。

私は複数の日刊紙を読む——

政治、経済、アジア情勢、

世界情勢、

週末に出る週刊誌。

日本の美術。日本への西洋美術の紹介。

19 世紀後半のパリの日本人留学生たち。

陶器。「京都のモダニズム展」そして

東京工業大学の百周年記念館の地階にもゴットフリード・ワーグナー。

鉱山、貧しい労働者の状況、暴動。

戦争。

勝利を収めた戦争。飢饉。

私は読む、満州やシベリアで行方不明になった日本人の数学者のこと。

一連の戦争。アジアにおける野心的な日本の植民地支配主義。

ロシアに勝利。アメリカに降伏。

この神聖なる国、

古代の神話と新しく創られた神話。

私の母国語では、

「血、人、地」は

同根の言葉。

平和な年月。家庭、子供たち。

私は1970年代の日本の子供たちによって書かれた詩を

私の母国語、ヘブライ語、に翻訳する。

子供たちは、本当に天真爛漫、観察が鋭く、賢く、臆病で、純粋だ。

私はその意味と気持ちを伝えようと奮闘する。

日本の宗教について私は読む。私は寺や神社を訪ねる。

寺社は教会がするように私を退けたりはしない。私は鈴の緒を持ち、鈴を鳴らしてみる。

日本のキリスト教。新しい宗派。私は京都ベイト・シャロムを訪ねる。

キリスト教徒で日本人で、敬虔なイスラエル信奉者たち。

漢字—魅了する字画、その組み合わせ、

筆の運び、書道、美しく見事な絵—

各々幾通りもの読みを持ち、幾つかの意味を持つ—

覚えきれるかしら？

私は兎に角、試す。

日本語の文法、可愛らしい平仮名、非友好的なカタカナ。

誰がこれらの全てを発明したの、何故？

日本舞踊、舞台芸術、狂言、能。

邦楽、琴、琵琶、

大太鼓が鳴っている：

何の日本、

いつの日本、

どのように日本、

どの日本、

誰の、そして誰、日本？

日本、どこへ行くの―

質問は回答を上回る。

庭園―完全なる詩、

自然と人の共同作品。

箪笥―優美な小部屋のような抽斗、

木材の継ぎ目と金属の飾り。

京都の大路小路を歩けば、

山々の美しさ、

私の筆と絵の具で捉えようとしても

するりと逃げられてしまう。

私は言葉へ戻る。

私の、英語、日本語、ヘブライ語で書かれている、詩は

抽出されて読者となる人へと届けられる

感情と思考のカプセル。

私の先生、

長年の私の日本人の友人たち、

長続きする確かな友情、

その全てを私は大切に思う。

日本は、振る度に小片が位置を変える

万華鏡のようなものですか？

あなたが見るのは別の模様、しかしどれもが真実。

それは多次元的な空間ですか、

より完全な絵を作ろうとしているのに

ほんの少数の断片しか手元には無い

巨大なジグソーパズル。

これは非常に遣り甲斐のある探求—

鵜呑みにするよりも、むしろ

私はゆっくりと噛みしめて吸収したい。

今日もまた。

和訳：宮下惠美子

２００９年１０月１１−１２日

この詩は　「日文研」No.４４　２０１０年３月　で出版した。

בְּמִסְעֶדֶת מֶקְלָפְלִין, קְיוֹטוֹ

שַׁלְוָה שֶׁל יוֹם רִאשׁוֹן
בְּגִבְעוֹת קָצוּרְזָקָה.
כֶּלֶב נוֹבֵחַ,
הַצִּיקָדוֹת מְצַקְצְקוֹת,
יֶלֶד בּוֹכֶה, קוֹלָהּ שֶׁל אִימוֹ,
מְכוֹנִית עוֹבֶרֶת.

בּיוֹם שִׁשִּׁי הָאַחֲרוֹן
בַּקּוֹמָה הַשְּׁמִינִית שֶׁל
בִּנְיַן אֶמְפָּיֵיר
הַמַּשְׁקִיף אֶל הַמַּיִם הַנּוֹצְצִים
שֶׁל הַנָּהָר קָמוֹ
וּגְבָעוֹת קְיוֹטוֹ
מֵחַלּוֹנוֹת הַבָּר הָאִירִי וְהַמִּסְעָדָה
שֶׁל טָאדְג מֶקְלָפְלִין.
שִׂמְחַת הַפְּגִישׁוֹת
מְעוֹרֶבֶת בְּשׁוּרָה שֶׁל
הוֹפָעוֹת זַמָּרִים וְרַקְדָנִים.
זַמֶּרֶת הָאוֹפֶּרָה שָׁרָה לֹא-שָׁרָה,
נַגַּן הַגִּיטָרָה הָאֲמֶרִיקָאִי,

הַגְּבֶרֶת הַבֶּלוֹנְדִית צוֹעֶקֶת בְּקוֹל מְחוּסְפָּס,

שְׁתֵּי רַקְדָנִיוֹת יַפָּנִיוֹת צְעִירוֹת,

רוֹקְדוֹת פְלָמֶנְקוֹ עִם קַסְטָנְיֶטוֹת אוֹ מְנִיפוֹת,

בְּעִידוּן יַפָּנִי

טָבוּל בִּתְשׁוּקָה סְפָרַדִּית.

זַמֶּרֶת-רַקְדָנִית בּוּטוֹ

נָעָה מִמֶּלַנְכוֹלְיָה לְגִלְגּוּלֵי רוֹק פְּרָאִיִּים.

מְכִירַת סַלִּים שֶׁנִּקְלְעוּ בְּזִימְבָּבְוֶאי

תְּרוּמָה וּנְתִינָה

לִילָדִים אַפְרִיקָאִים מוּכֵּי אֵיְדס.

מָאוּרִיצְיוֹ יְדִידִי חוֹגֵג בְּצַעַר

עֲזִיבָתוֹ אֶרֶץ זוֹ

בְּעוֹד יָמִים אֲחָדִים.

אֲנַחְנוּ מְשׂוֹחֲחִים עִם שְׁכֵנֵינוּ לַשּׁוּלְחָן,

זוּג צָעִיר מִפִינְלָנְד,

סְטוּדֶנְטִים לְקוֹלְנוֹעַ

הַמְצַלְמִים אוֹתָנוּ יַחַד.

טָאדֶג הַשֶּׁף מוֹפִיעַ לָבוּשׁ

מִכְנָסַיִם מְשׁוּבָּצִים שָׁחוֹר-לָבָן

דּוֹמִים לְמַפּוֹת הַשּׁוּלְחָן.

אֲנַחְנוּ מִתְחַבְּקִים

אֲנִי נוֹתֶנֶת לוֹ תְּמוּנָה שֶׁל צִיּוּרִי

"נוֹף יָפוֹ" אוֹתָהּ מִסְגַּרְתִּי.

"לֹא הָיִית צְרִיכָה",

"אֲבָל רָצִיתִי",

הוּא נוֹשֵׂא אֶת הַתְּמוּנָה אִיתּוֹ לַמִּטְבָּח.

הַאִם הִזְכַּרְתִּי אֶת הָאוֹכֶל הַטָּעִים?

מִמְרַח אָבוֹקָדוֹ, סָלָט יְוָנִי,

סְטֵיק בְּרֹטֶב עַגְבָנִיּוֹת עִם תַּפּוּחֵי אֲדָמָה וְחוּמוּס,

וּבִּירָה גִּינֵס לְעַכֵּל אֶת כָּל אֵלֶּה.

דָּנִיאֵל מַרְאֶה לִי תַּחְבּוֹשֶׁת עַל יַד יְמִינוֹ,

בְּשֶׁל כַּלְבּוֹ הַמִּשְׁתַּעֲשֵׁעַ זָקוּק לְנִיתוּחַ.

אֵיךְ יוּכַל לְצַיֵּר כָּךְ?

הוּא אוֹמֵר שֶׁאוּלַי יִיסַּע לְנְיוּ-יוֹרְק

לָנוּחַ בְּיוּלִי.

אֲנִי אֶסַּע לְבּוּדָפֶּשְׁט וְיִשְׂרָאֵל

לִפְנֵי שׁוּבִי לְכָאן בְּאֶמְצַע אוֹגוּסְט.

יוֹם שִׁשִּׁי, מִפְגַּשׁ אִירִי

מֵעַל הַנָּהָר קָמוֹ, קְיוֹטוֹ.

יוני 2009

הִרְהוּרִים בַּטִּיּוּל לְקָנָזָאוָה

הַלַּיְלָה, בְּקָנָזָאוָה,

קוֹרֵאת בָּאוֹטוֹבִּיּוֹגְרַפְיָה שֶׁל פוּקוּזָאוּהַ יוּקִאִיצִ'י

אַחֲרֵי בִּקּוּר בְּבֵית סָמוּרָאִי מִמַּעֲמָד נָמוּךְ,

שִׁיטוּט בְּאֵזוֹר הַמִּבְצָר וּבְמַחְסְנֵי נֶשֶׁק וּמָזוֹן

לְאַחַר הֲלִיכָה עַל שְׂפַת הַתְּעָלָה

בְּיוֹם סֶפְּטֶמְבֶּר שִׁמְשִׁי חָמִים

בְּחֶבְרַת יוּמִיקוֹ, חֲבֵרָה מִשָּׁנִים רַבּוֹת,

וְחֶדְוָה, חֲבֵרַת יַלְדוּת.

הִתְפַּעַלְנוּ מֵהָעֵצִים בְּפָּארְק אֶן-רוֹקוּאֶן רְחַב הַיָּדַיִם,

בְּרֵכוֹת מְשׁוּבְבוֹת, מִזְרֶקֶת הַמַּיִם הָרִאשׁוֹנָה,

וּמְטַיְּלִים יַפָּנִים רַבִּים נֶהֱנִים מֵאוֹתוֹ פָּארְק.

עָצַרְנוּ לִמְנוּחָה בְּקָנָזָאוָה גְּרַנְד הוֹטֶל

וְסָעַדְנוּ צָהֳרַיִם בְּמִסְעֶדֶת טוֹלֶדוֹ.

מֵעֵבֶר לַנָּהָר

בְּמִפְעַל הַקֶּרָמִיקָה הַוָּתִיק קוּטָאנִי,

טֶכְנִיקַת הַיִּצּוּר הוּצְגָה בְּפָנֵינוּ,

מִפְעַל אַרְבָּעָה דּוֹרוֹת, מִשְׁפַּחַת הוֹקוּסוּקֶה,

עִצּוּבֵי כֵּלִים נֶהְדָּרִים, עֲשִׁירֵי צְבָעִים.

עִטַּרְתִּי בַּקְבּוּק יֵין-סָאקֶה, רִשּׁוּם וּבְחִירַת צְבָעִים לְמִלּוּי,

כְּדֵי שֶׁיִּשָּׂרְפוּ בְּתַנּוּר וְיִשְׁלְחוּ אֵלַי

לְקִיוֹטוֹ תּוֹךְ חוֹדָשַׁיִם.

חֲוָיָה נֶהְדֶּרֶת.

פָּסַעְנוּ בְּרוֹבַע הַגֵּישׁוֹת הַיָּשָׁן, בְּבִנְיְנֵי הָעֵץ הַיְּשָׁנִים,

הַמִּטְבָּח הַמְּיוּחָד לְמְרַק צָבִים עַתִּיר קוֹלָגֶן.

הַמִּקְדָּשִׁים נִסְגְּרוּ אַחֲרֵי חָמֵשׁ.

הָעִיר הַהוֹמָה וְתִזְמוֹרֶת הַגָּ'ז,

נָחוּ.

הַשּׁוּק הַמְּקוֹרֶה שָׁפַע

מִבְחַר יְרָקוֹת, דָּגִים, פְּרָחִים וּמוּצְרֵי צְרִיכָה,

נָדַדְתִּי לִשְׁתּוֹת בִּירָה בְּקְיָאנְטִי בָּר

וְלִסְעוֹד יַחַד סְעוּדַת עֶרֶב בְּסוּשִׁי בָּר.

חֲנוּת סְפָרִים בְּמַרְתֵּף הַבִּנְיָן קָרְאָה לִי,

וּבָהּ סְפָרִים עַל פְּרוֹיֶקְט כִּסְאוֹת, נַגָּרֵי הַיָּדָה,

טוֹקְיוֹ וְאוֹסָקָה בִּתְקוּפַת אֶדוֹ, שִׁילּוּב מַפּוֹת, תְּמוּנוֹת וְטֶקְסְט,

הַסּוּס הַלָּבָן – סִיפּוּר מִמּוֹנְגּוֹלְיָה,

וְחֶבְרַת הַסּוּס הַלָּבָן שֶׁהֵקִימוּ הָאָמָּנִים-הַיְּדִידִים

קוּרוֹדָה קֵיאִיצִ'י וְקוּמֶה קֵיאִיצִ'ירוֹ.

תְּמוּנַת קוּרוֹדָה בְּזִקְנָתוֹ.

שִׂיחָה לֵילִית עִם יוּמִיקוֹ,

הָעֶרֶב בְּקָנָזָאוָה, הָעִיר שֶׁל "בְּאֵר הַזָּהָב".

חופשת ראש השנה , קנזאווה יפן 21.9.2009

קִיוּשׁוּ, יַפָּן

קִיוּשׁוּ, יַפָּן

בְּרַכֶּבֶת לְקוֹקוּרָה,

בֹּקֶר אָפוּף עֲרָפֶל אָפֹר סָמִיךְ,

נָהָר רָחָב, גֶּשֶׁר מְקוּשָּׁת,

תֹּרֶן גָּבוֹהַּ, מַה?

מִגְרְשֵׁי בְּנִיָּה,

טְרַקְטוֹרִים קְטַנִּים חוֹפְרִים,

מִפְעֲלֵי תַּעֲשִׂיָּה.

קִיטָה-קִיוּשׁוּ –

פּוֹגֶשֶׁת חֲבֵרִים חֲדָשִׁים

בְּקָרוֹב,

מְבוֹרֶכֶת.

2.2010

גַעְגּוּעִים

בְּבוֹאִי מֵאַמֶרִיקָה לְיָוָן,

רָאִיתִי אֶת עֲצֵי הָאֶקָלִיפְּטוּס

וְגָבְרוּ גַעְגּוּעַי

לְנוֹפֵי הַיָּם הַתִּיכוֹן.

9.1980

בִּרְאוֹתִי אֶת הָאָקָצְיָה פּוֹרַחַת בְּצָהוֹב

בְּקָצוּרָה, קְיוֹטוֹ,

אֲנִי נִזְכֶּרֶת

שֶׁהִגִּיעַ זְמַן לָשׁוּב הַבַּיְתָה.

3.2010

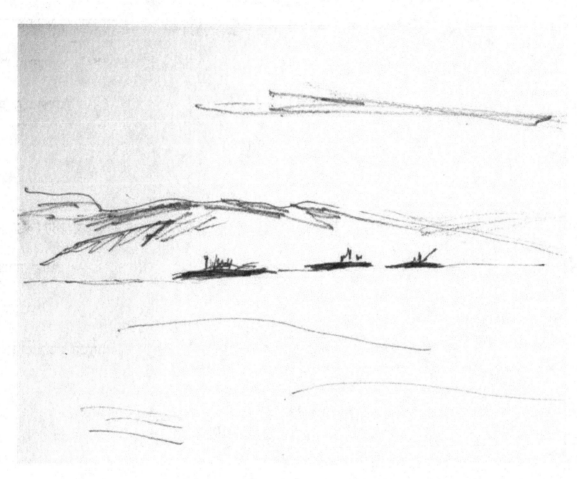

湖の船、エチオピア 2011 年

שַׁיִט על אגם באתיופיה, 2011

אֶתְיוֹפְּיָה לְאֵין סוֹף

אֶתְיוֹפְּיָה לְאֵין סוֹף

צָפוֹן וְדָרוֹם

וְשָׁמַיִם רְחָבִים

מָה אוֹמַר לָךְ, אֶתְיוֹפְּיָה?

אֶרֶץ עֲנִיָּה, אֶרֶץ עֲשִׁירָה, אֶרֶץ יְפֵהפִיָּה.

עֵצִים – מִי יִמְנֶה מִסְפָּרָם?

אַבְנֵי בַזֶּלֶת, שָׂדוֹת חֲרוּשִׁים,

עֶדְרֵי צֹאן וְעִזִּים, כְּבָשִׂים כְּנוּעוֹת, עִזִּים עֲלִיזוֹת,

פָּרוֹת כְּחוּשׁוֹת, שְׁוָרִים בַּעֲלֵי קַרְנַיִם מְעוּקָלוֹת

פּוֹסְעִים כְּאִילוּ הֵם מַלְכֵי הַכְּבִישׁ,

סוּסִים בְּרָמַת סֵינְט מָארִיסְיוֹן

חֲמוֹרִים מִשְׁתַּעַשְׁעִים,

כְּלָבִים, תַּרְנְגוֹלוֹת,

דִּיקְדִּיקִים חֲמוּדִים, יְעֵנִים,

אֲגָמִיּוֹת, חֲסִידוֹת, שַׂקְנָאִים,

קְרוֹקוֹדִילִים וְהִיפּוֹפּוֹטָמִים.

אֱמוּנָה דָּתִית יוּדוֹ-נוֹצְרִית

מִימֵי הַמַּלְכָּה שְׁבָא, הַמֶּלֶךְ שְׁלֹמֹה

וּבְנָם מֶנֶלִיק,

עֲבוּר לְאֵיזֶנָה שֶׁבָּנָה כְּנֵסִיָּה בְּאָקְסוּם

בַּמֵּאָה הַשְּׁלִישִׁית, וּכְשֶׁנֶּהֶרְסָה

נִבְנְתָה כְּנֵסִיָּה גְּדוֹלָה לַאֲרוֹן הַבְּרִית.

צִיּוּרֵי קִיר – יֵשׁוּ וְקוֹרוֹתָיו, סֵינְט ג'וֹרג',

טִקְסֵי חַג וּמַאֲמִינִים מִתְפַּלְּלִים בִּדְבֵקוּת,

כֹּהֵן גָּדוֹל בְּמַחְלָצוֹת זָהָב

וְדִיקָנִים מְזַמְּרִים, חַזָּן וּמַקְהֵלָה,

הִתְעַלּוּת רוּחָנִית בְּטֶכֶס הַטְּבִילָה.

לָלִיבֶּלָה, אֶחָד מִשִּׁבְעַת פִּלְאֵי עוֹלָם,

אַחַת עֶשְׂרֵה כְּנֵסִיּוֹת מוּפְלָאוֹת חֲצוּבוֹת בַּסֶּלַע,

צִיּוּרֵי קִיר וְעַמּוּדִים מְקוּשָּׁטִים

סְלָעִים מַקִּיפִים סְבִיבָם.

אָקְסוּם, לָלִיבֶּלָה, טִיסָה וְעוֹד טִיסָה

אָדִיס-אַבֶּבָּה – וְאַלְפֵי תּוֹשָׁבֶיהָ,

וּכְבָר בַּדָּרוֹם – בְּגִ'יפִּים חֲסוּנִים

וְנַהָגִים מְנוּסִים מוֹשְׁכִים בַּהֶגֶה

צוֹלְחִים מַהֲמוֹרוֹת, אֲבָנִים וְאָבָק,

גִּיבּוּב שִׂיחִים, עֵצִים וְעוֹד עֵצִים אֵין סְפוֹר,

צְאֶלִים וְקִינֵי טֶרְמִיטִים בְּנוּיִים לְתַלְפִּיּוֹת,

וֶרֶד הַמִּדְבָּר בִּפְרִיחָה מַרְהִיבָה

הָעַיִן לֹא תִשְׂבַּע -

אֶתְיוֹפְּיָה לְאֵין סוֹף -

נָסַעְנוּ עֲשָׂרָה יָמִים

וְחָזַרְנוּ אַלְפֵי שָׁנִים אֲחוֹרָה.

נָשִׁים חֲשׂוּפוֹת שָׁד, הֲמוֹנֵי יְלָדִים

מְבַקְשִׁים תְּרוּמָה, תַּשְׁלוּם שְׁנֵי בִּיר לְתַצְלוּם,

סִימָנֵי חֲנִיכָה, טִקְסֵי בַּגְרוּת,

דִּילוּג עַל שְׁוָרִים, נַעַר עֵירֹם

נוֹצָה מְעַטֶּרֶת רֹאשׁוֹ פּוֹסֵעַ עַל גַּבֵּי שְׁוָרִים,

נוֹפֵל וְקָם, וְעוֹבֵר וְנִהְיָה בּוֹגֵר

וְהַבָּנוֹת הַכַּלּוֹת הָעֲתִידִיּוֹת

מִתְחַנְּנוֹת לְהַצְלָפַת שׁוֹטוֹ.

מִי יָרִימֵךְ מֵעָפָר – אֶתְיוֹפְּיָה?

אדיס אבבה, ינואר 2011

טקס תפילה נוצרי באַקסום, אתיופיה, 2011

キリスト教の祭り、アクスム　エチオピア　２０１１年

סֵיאוֹל קוֹרֵאת

סֵיאוֹל קוֹרֵאת

נָשִׁים קוֹרְאוֹת

נְשׁוֹת הָעוֹלָם קוֹרְאוֹת,

מְרִימוֹת אֶת קוֹלָן,

רַק גְּבָרִים אֲחָדִים מַקְשִׁיבִים.

הַפַּעֲמוֹנִים שֶׁל קוֹרֵיאָה,

הַמִּנְזָרִים בֶּהָרִים,

הַנָּשִׁים בַּמִּנְזָרִים,

עֲנָנִים תְּלוּיִים מֵעַל

וְטִיפּוֹת גֶּשֶׁם זְעִירוֹת נוֹשְׁרוֹת.

הָאֵרוּחַ הַנָּדִיב

בְּאוּנִיבֶרְסִיטַת אֶיְווּהָ לְנָשִׁים בְּסֵיאוֹל

מְאַרְחוֹת אֶת כֶּנֶס הַנָּשִׁים הָעוֹלָמִי 2005

שֶׁנִּקְרָא "לְחַבֵּק אֶת הָאָרֶץ –

צָפוֹן-דָּרוֹם, מִזְרָח-מַעֲרָב",

חוֹלְקוֹת אַחֲוָה וְחִיבָּה כֵּנוֹת.

הַנּוֹשְׂאִים בָּהֶם דָּנוּ –

אֳמָנוּת, סְרָטִים, יְרִיד סְפָרִים

כָּל שֵׁשֶׁת הַיָּמִים,

כְּמוֹ בְּרִיאַת הָעוֹלָם!

אַלִּימוּת, טֶרוֹר, אוֹנֶס, מִלְחָמָה,

הַטְרָדַת נָשִׁים, שִׁחְרוּר,

לִימוּד וְחִינוּךְ, נָשִׁים וּבְעָלִים,

בְּרִיאוּת נָשִׁים, נָשִׁים בַּעֲבוֹדָה,

יְצִירָתִיּוּת וְתַרְבּוּת.

קִידּוּם נָשִׁים בְּאַסְיָה,

קִידּוּם וַהֲגַנָּה עַל נָשִׁים בְּאַפְרִיקָה,

מַצָּגוֹת נוֹגְעוֹת לַלֵּב שֶׁל נָשִׁים אַפְרִיקָאִיּוֹת,

לוֹבְשׁוֹת בְּהָדָר אֶת שִׂמְלוֹתֵיהֶן הַצִּבְעוֹנִיּוֹת,

צְעִיפִים וְכוֹבָעִים מְעוּצָּבִים.

רוֹקְדוֹת יַחַד בְּשׁוּרָה אֲרוּכָּה,

רֶשֶׁת גְּדוֹלָה שֶׁל שִׂמְחָה,

מֵעֵבֶר לִכְאֵב הַיּוֹם-יוֹם.

רוֹקְדוֹת בְּתִקְוָה וְהַבְטָחָה

לַעֲבוֹד עוֹד, חָזָק יוֹתֵר

לְעָתִיד טוֹב יוֹתֵר לִנְשׁוֹת הָעוֹלָם,

לַגְּבָרִים בָּעוֹלָם, לַמִּשְׁפָּחָה וְלַחֶבְרָה בָּעוֹלָם.

סיאול, 27 ביוני 2005

尼僧、韓国 2005 年　2005 נזירה קוריאנית

אֲנִי שׁוֹמַעַת אֶת לִבִּי שָׁר (נְיוּ-זֵילַנְד)

אֲנִי שׁוֹמַעַת אֶת לִבִּי שָׁר

עִם הַמַּיִם הַזּוֹרְמִים

אֶל תּוֹךְ יַמַּת מִילְפוֹרְד

בָּאִי הַדְּרוֹמִי,

עִם הַמִּפְרָשִׂים הַמִּתְנוֹפְפִים

בְּמִפְרָץ אוֹקְלַנְד.

אֲנִי שׁוֹמַעַת אֶת לִבִּי שָׁר

בְּטַיְּלִי בֵּין גְּבָעוֹת יְרֻקּוֹת אֵלֶּה

וְהֶהָרִים בְּיָרֹק-אָחוּ,

וּבְטַיְּלִי בְּיַעַר הַגֶּשֶׁם

בֵּין פִּסְלֵי הָאֶבֶן שֶׁגֻּלְּפוּ בְּמַיִם.

אֲנִי שׁוֹמַעַת אֶת לִבִּי יוֹצֵא לַגַּעַת

בַּכְּבָשִׂים וְצִמְרָן הָרַךְ, כֹּה רַבּוֹת הֵן,

הַצְּבִי הָאָצִיל, הָעוֹפֶר, כָּל הָעֵדֶר,

הַפָּרוֹת, חוּמוֹת, שְׁחוֹרוֹת, לְבָנוֹת,

וְגֵז הַצֶּמֶר בְּחַוַּת ווֹלְטֶר פִּיק מְאִירַת הַפָּנִים.

אֲנִי שׁוֹמַעַת אֶת לִבִּי פּוֹעֵם

בְּהִתְבּוֹנְנִי בְּכָל עוֹפוֹת הַמַּיִם,

הַבַּרְוָזִים בְּסִיעָה, הַפִּינְגְּוִינִים,

הַיּוֹנְקִים – דוֹלְפִינִים מַכִּים

עַל הַמַּיִם בִּזְנָבָם,

אַרְיוֹת הַיָּם מִתְחַמְּמִים עַל סֶלַע

בְּיַמַּת מִילְפוֹרד,

לִפְנֵי הַגָּעָה לַמִּגְדַּלוֹר,

בְּקִרְבַת יָם טַסְמָן הַגּוֹעֵשׁ.

אֲנִי שׁוֹמַעַת אֶת לִבִּי שָׁר

בְּפָגְשִׁי כָּל אוֹתָם יְדִידִים

וָתִיקִים, חֲדָשִׁים:

רִאשׁוֹנָה לְכוּלָם – דִּין,

שֶׁשׁוֹבַל מִכְתָבֶיהָ בֶּן שָׁנִים רַבּוֹת

מָשַׁךְ אוֹתִי לָבוֹא לְכָאן,

לִרְאוֹת שֶׁהִיא עֲדַיִן

שׁוֹמֶרֶת עַל שְׁנִינוּתָהּ הַיְּדוּעָה,

וְלִפְגֹּשׁ אֶת בִּתָּהּ הַמּוּזִיקָאִית וִיקְטוֹרְיָה

וַחֲתָנָהּ הַצַּ'לָן הַנָּאֶה, אֶשְׁלִי,

- זֶה עַתָּה נִשְׂאוּ,

אֵיזֶה זוּג נֶהְדָּר זֶה!

אֲנִי נִפְעֶמֶת מֵהַנְּדִיבוּת

שֶׁל כָּל אוֹתָם נֶהָגֵי אוֹטוֹבּוּסִים,

פִּיטֶר, גֶ'ף, פִּיטֶר –

הַנּוֹהֲגִים בַּדְּרָכִים הָאֲרֻכּוֹת, הַחֲלַקְלַקּוֹת,

מַסְבִּירִים אֶת מוֹרֶשֶׁת נְיוּ-זִילַנְד,

עוֹצְרִים וְנוֹשְׂאִים מִזְוָדוֹת לְבֶטֶן הָרֶכֶב,

בְּסַבְלָנוּת וּבְחֵן רַב.

אֲנִי שׁוֹמַעַת אֶת לִבִּי פּוֹעֵם

בְּלֶכְתִּי אֶל מִגְרַשׁ הַגּוֹלְף בְּמִילְבְּרוּק

לְקַבֵּל אֶת שִׁעוּר הַגּוֹלְף הָרִאשׁוֹן

מִבֵּיוָן, הַמַּדְרִיךְ הַמּוּכְשָׁר.

מִגְרַשׁ הַגּוֹלְף עַל הַגְּבָעוֹת, אֲחִיזַת מַקֵּל הַחֲבָטָה,

תְּנוּחַת הָעֲמִידָה, הַסִּבּוּב וְהֶנֶף הַמַּכָּה,

פַּעַם וְעוֹד פַּעַם, תּוֹךְ כִּיווּן אֶל

הַכַּדּוּר הַלָּבָן, לִפְגֹּעַ וּלְהַרִימוֹ

גָּבוֹהַּ וְרָחוֹק כְּכָל הָאֶפְשָׁר,

הוֹ אֵילוּ רְגָעִים מַרְנִינִים!

בֵּיוָן עָבַד בְּאֵירוֹפָּה,

בְּמַקֶדוֹנְיָה,

וְזִהָה אֶת מִבְטָאִי מִיָּד,

בָּחוּר עַלִּיז, יַחַד הִצְטַלַּמְנוּ,

כַּדּוּר גּוֹלְף לָבָן נָתַן לִי,

מַזְכֶּרֶת מִמָּקוֹם פַּסְטוֹרָלִי זֶה.

אֲנִי שׁוֹמַעַת אֶת לִבִּי פּוֹעֵם

כְּשֶׁאָנוּ עוֹצְרִים בַּגֶּשֶׁם לַלַּיְלָה,

לְיַד הַמּוֹטֶל שֶׁל אֲגַם מָתֶסוֹן בְּפוֹקס גְלֵישֶׁר,

אַחַר צָהֳרַיִם עַרְפִּילִי,

שֶׁהִתְבַּהֵר לַאֲרוּחַת הָעֶרֶב

בְּמִסְעֶדֶת הַי פִּיקְס,

מִמֶּנָּה נִשְׁקָף הַר טַסְמָן מְכוּסֶה הַשֶּׁלֶג,

וְהָאֹכֶל הָיָה רַב מִדַּי.

אֲנִי שׁוֹמַעַת אֶת לִבִּי פּוֹעֵם וְשָׁר

כְּשֶׁאָנוּ מְטַפְּסִים עַל הַקַּרְחוֹן

דֶּרֶךְ יַעַר הַגֶּשֶׁם,

בְּהַדְרָכַת מָארְק כְּחוֹל-הָעֵינַיִם,

הָאַחְרַאי לִקְבוּצָתוֹ,

מַרְאֶה לָנוּ אֶת הַשִּׁמּוּשׁ בַּקְרַמְפּוֹנִים,

בְּמַקֵּל הַטִּיפּוּס חַד הַקָּצֶה,

בַּגַּרְזֶן לְחִיתּוּךְ הַקֶּרַח.

הַגְּשָׁרִים עִם חֶבֶל תְּמִיכָה לְצִדָּם,

בַּדֶּרֶךְ לַקַּרְחוֹן,

הַמַּיִם שֶׁקָּפְאוּ בְּחֶלְקָם, בְּגוֹנֵי לָבָן וְכָחֹל,

הַמִּנְהָרָה, הַסְּדָקִים בַּקֶּרַח, הַחֲרַכִּים,

זְרִימַת הַזֵּעָה בְּעֵת הַטִּפּוּס

אֶל נוֹפִים עוֹצְרֵי נְשִׁימָה

וְקוֹל הַמַּיִם הַזּוֹרְמִים,

נוֹפְלִים אֶל מִתַּחַת הַר הַקֶּרַח

כְּמוֹ נָהָר נוֹשֵׂא בּוֹץ וָטִיט,

נָעִים אֶל הַסְּלָעִים הַכְּתֻמִּים

הַמְּכוּסִים בְּאַצָּה טְרֶנְטֶפּוֹלְיָה

וּבְטַחַב יְרַקְרַק – אָמֵן!

אֲנִי שׁוֹמַעַת אֶת נְיוּ-זִילַנְד שָׁרָה,

כָּל אוֹתָם נָשׁוֹת וְאַנְשֵׁי שֵׁרוּת,

שֶׁבַּעֲבוֹדַת יוֹמָם

מְאַפְשְׁרִים אֶת טִיּוּלֵנוּ,

גּוֹרְמִים לוֹ לִהְיוֹת כֹּה מְהַנֶּה –

הַמֶּלְצָרִיּוֹת בַּמִּסְעָדוֹת,

בְּלִינְדָה בֶּרֶנְגֶ'ס, קוּינְסְטָאוּן,

וְכָל יֶתֶר הָעוֹבְדִים, מוֹכְרִים כַּרְטִיסִים,

מְבַשְּׁלִים אֹכֶל מְצוּיָן, עוֹנִים בַּאֲדִיבוּת לִשְׁאֵלוֹת תַּיָּרִים.

אֲנִי שׁוֹמַעַת אֶת נְיוּ-זִילַנְד שָׁרָה,
וַאֲנִי שָׁרָה אִתָּהּ,
בְּעוֹדִי נוֹסַעַת בָּרַכֶּבֶת הַטְּרַנְס-אַלְפִּינִית
מִגְּרֵימָאוּת' בְּוֶוסְטלֶנְד, כָּל הַדֶּרֶךְ
לְקְרֵיסְטְצֶ'רְץ' –
אֵיזֶה נוֹף מַרְהִיב, בְּרִיאַת הַטֶּבַע,
אֵיזוֹ יְצִירָה אַדִּירָה שֶׁל עֲבוֹדַת בְּנֵי אֱנוֹשׁ:
הַכְּבִישׁ הַמָּהִיר, מְסִילַּת הַבַּרְזֶל,
הַגְּשָׁרִים, הַמִּנְהָרָה הָאֲרֻכָּה, מַעֲבַר אַרְתּוּר,
הָאֲנָשִׁים שֶׁבָּנוּ כָּל אֵלּוּ
בֶּאֱמוּנָה וְכִשָּׁרוֹן.

אֲנִי שׁוֹמַעַת אֶת שִׁירָתֵנוּ
עַל סְפִינַת הַקִּיטוֹר אֶרְנְסְלוֹ,
חוֹצִים אֶת אֲגַם וָאקָאטִיפּוּ
לַחַוָּה
וַחֲזָרָה לָרָצִיף בְּקְוִינְסְטָאוּן,
שָׁרִים עִם פְּסַנְתֵּר כָּנָף גָּדוֹל
וּפְסַנְתְּרָן שְׁמַנְמַן
כָּל אוֹתָם שִׁירֵי וַלְס רוֹמַנְטִיִּים
שֶׁל נְיוּ-זִילַנְד

וְשֶׁל מְטַיְּלִים אֲחֵרִים מִכָּל הָאוּמּוֹת עַל הַסִּיפּוּן,

עִם כָּל מִטְעָנָם:

הַחֲנוּיוֹת לְלֹא סוֹף מַצִּיגוֹת עֲבוֹדוֹת מַעֲשֵׂה מַחְשֶׁבֶת,

עֲשׂוּיוֹת גֵ'יד, פָּאוּאָה, אֶבֶן, פְּנִינִים, צֶמֶר, עֵץ,

זְכוּכִית – אִם לִמְנוֹת רַק שֶׁמֶץ.

אֲנִי שׁוֹמַעַת עַצְמִי שָׁרָה

נִרְגֶּשֶׁת מִכָּל הַחֲוָיוֹת שֶׁגָּמַעְתִּי,

וְעוֹד בְּמֶרְכַּז אַנְטָאַרְקְטִיקָה, לְיַד שְׂדֵה הַתְּעוּפָה,

הַסִּפּוּר שֶׁל מְטַפֵּס הָאֶוֶרֶסְט מֵאוֹקְלֶנְד,

סֶר אֶדְמוֹנְד הִילָארִי

וּבְנוֹ שֶׁהָלַךְ בְּעִקְבוֹתָיו.

טַסְתִּי בְּלֵיל אֶמֶשׁ

מִקְרַייסְטְצֶ'רְץ' לְאוֹקְלֶנְד

לִפְגֹּשׁ יְדִידִים חֲדָשִׁים

וְלִרְאוֹת צִיּוּרִים נִפְלָאִים -

לְפָנַי, עוֹד רֶגַע קָט,

הַטִּיסָה הַבַּיְתָה.

אוקלנד, ניו-זילנד, 19.3.2004

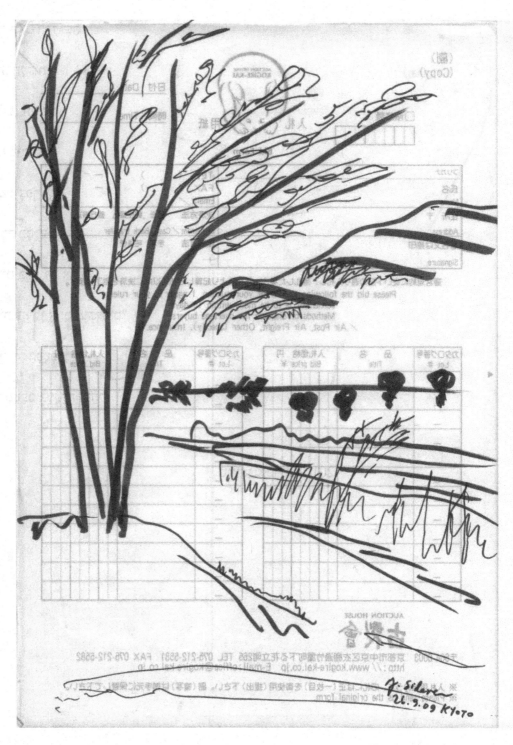

加茂川のほとり、京都　２００９年

קיוטו, מול נהר קָמוֹ, 2009

טִיּוּל בְּקַנְיוֹן טָרוּקוֹ, טָיְוָאן

גֶּשֶׁר אָדֹם שֶׁל הָאֵם הַקְּדוֹשָׁה

אֲבָנִים לְבָנוֹת, חֲלָקוֹת,

מֵי נַחַל צְלוּלִים, זוֹרְמִים,

הָרִים גְּבוֹהִים מוֹרִיקִים,

צוּק קָאֶרוּ דְּמוּי צְפַרְדֵּעַ

וּמִנְהָרָה חֲצוּבָה בַּסֶּלַע.

סְלָעִים נוֹשְׁרִים בִּרְעִידַת אֲדָמָה

"חִבְשׁוּ קַסְדוֹת כְּאִילוּ אַתֶּם מְהַנְדְּסִים"

אוֹמֶרֶת הַמַּדְרִיכָה הַפַּטְפְּטָנִית,

דַּג-אֶבֶן גָּדוֹל מְטַפֵּס בְּמַעֲלֵה הַנַּחַל.

טיוואן, פברואר 2010

ベテルヌツ木、台湾　2010年

דקלי ארקה, טיוואן, 2010

חֲמִישָׁה שִׁירִים קְטַנִּים לְסִיסֶל

מאת: דניאל ווגלמן Daniel Vogelmann

מאיטלקית: יונה סידרר

.1

אֲחוֹתִי הַיְקָרָה

אַתְּ נִרְצַחְתְּ

בְּמַחֲנֶה רִכּוּז

לִפְנֵי שָׁנִים רַבּוֹת.

הַיּוֹם אֲנִי מַקְדִּישׁ לָךְ

חֲמִישָׁה שִׁירִים קְטַנִּים אֵלֶּה.

.2

כֵּיצַד לֹא לְקַוּוֹת

לְנִצְחִיּוּת הַנְּשָׁמָה?

אוּכַל לִפְגּוֹשׁ לְבַסּוֹף

אֶת אֲחוֹתִי הַקְּטַנָּה סִיסֶל,

שֶׁעָלְתָה הַשָּׁמַיְמָה לִפְנֵי הִוָּלְדִי,

אוֹתִי בֶּאֱמֶת תִּפְגְּשִׁי בְּחִיּוּךְ

וְתֹאמְרִי לִי בִּמְתִיקוּת:

"אָה, אַתָּה הוּא דָנִיאֵל".

3.

הָיִית בֶּאֱמֶת יְקָרָה לֶאֱלֹהִים

אִם רָצָה אוֹתָךְ כֹּה מַהֵר אִתּוֹ.

אֲבָל אִמְרִי-נָא, אַתְּ שֶׁאוּלַי יוֹדַעַת הַכֹּל

אָנוּ אֵינֶנּוּ יְקָרִים לוֹ?

4.

הַבְטִיחִי לִי

שֶׁתִּתְּנִי לִי יָד

בַּיּוֹם שֶׁאַגִּיעַ אֵלַיִךְ

כֵּיוָן שֶׁ, יוֹדַעַת אַתְּ

מְעַט פַּחַד

נִשְׁאַר בִּי...

5.

עַתָּה אֲנִי מְבָרֵךְ אוֹתָךְ, אֲחוֹתִי

עִזְרִי לִי לִחְיוֹת, אִם תּוּכְלִי

וְכֵן גַּם לָמוּת.

כְּמוֹ שֶׁכְּבָר אָמַרְתִּי לָךְ

מְקַוֶּה לִפְגֹּשׁ אוֹתָךְ יוֹם אֶחָד

וּמַאֲמִין שֶׁאֶהְיֶה מְאֹד נִרְגָּשׁ.

נדפס בחוברת "מאזנים", ספטמבר 2008

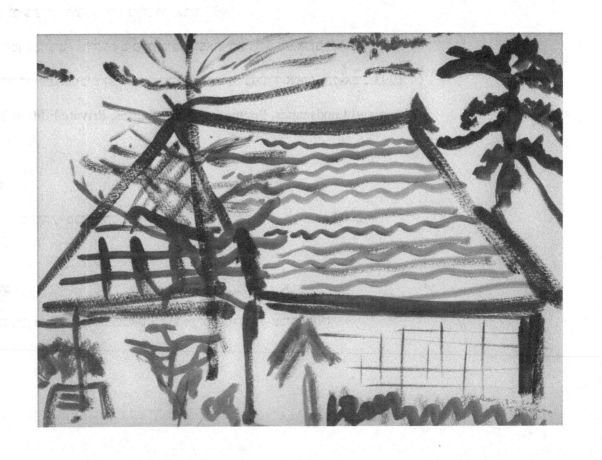

高山の家、岐阜　2010年

בית בטקימה, מחוז גיפו, יפן, 2010

ספריה של יונה סידרר

שירים

מלוא גביע צוף, הוצאת ירון גולן, תל-אביב 1993

וכל הזמן געגועים – רישומים מהדרכים, הוצאת ירון גולן, תל אביב 1998

עולמות רחוקים קרובים (ציורים ושירים, לתערוכה בגלריה אפרת) תל-אביב 1993

Love and Landscapes, Poems and Short Stories, Private Edition 2005

תעוד

סיפור משפחתי, טכסט, תמונות ותעודות, הוצאת ירון גולן, תל אביב 2004

תרגום

כר הדשא, מאת נאטסומה סוסאקי, הוצאת ירון גולן, תל-אביב 1992